W0085124

DEUTSCHER LYRIK VERLAG (DLV)

Andreas Winter

Transalpha

Lyrik und Inspirationen • mit drei Federzeichnungen

deutscher lyrik verlag (dlv)

Unser Ziel

Das eigentliche Leben ist nicht der Alltag, sondern der Augenblick, wo ich vor mir selbst erschrecke und mir bewusst werde, dass wir im Weltall nicht allein sind; dass jedes Geschöpf unendliche Leben, Geburten und Tode hinter sich hat und ebenso vielen entgegengeht; dass es natürlich ist, richtig zu denken und gut zu sein; dass die Sonne – selbst aus der Unendlichkeit hervorgegangen – uns unser Dasein gegeben hat, den Geist, dem wir Dank schulden dafür, erkannt zu haben, dass wir auf einer Kugel leben.

Wir Menschengeschöpfe sind die Summe von Milliarden Jahren Lebensentwicklung! – Und doch, wollen wir nicht bedenken, dass wir nicht für immer hier leben können, dass auch wir nur eine kleine Epoche universellen Geschehens durchlaufen? Wir können nicht gratis auf diesem Planeten leben, wir müssen Opfer bringen!

Die Erde, der dritte Planet unseres Sonnensystems, ist der ausgezeichnete Stern dieses Systems. Eine winzige Abweichung von unserer Entfernung zur Sonne hätte den sofortigen Tod höheren Lebens zur Folge! Unser Lebensziel? Als ausgezeichnete Menschen auf diesem ausgezeichneten Stern zu leben! Zu suchen nach Gefährten im All.

Wer dieses Ziel anstrebt, sich opfert, hat die Berechtigung, jeden Morgen die Sonne zu sehen. Wer sich bemüht, gut zu sein, trotz Verachtung und Ignoranz durch die anderen, die es nicht für nötig erachten, andere Menschen, die gut sind, zu lieben. Wer große und kleine Opfer bringt, wer seinen Blick zum Kosmos erhebt, seiner Wiege, verdient den Namen »Homo sapiens« mit vollem Recht; er fürchtet nicht den Tod, sondern glaubt an die Unendlichkeit, indem er sie in Gedanken immer vor sich sieht.

Seien wir doch immer bereit, hier zu sterben, um weit draußen im All ein neues Leben zu beginnen. Mir scheint, viele wissen wohl, dass wir auf einer rotierenden, zirkulierenden gewaltigen Kugel Tag um Tag unseres Lebens verbringen. Sie wissen es, aber sie sind sich *noch nicht* dessen bewusst.

Mögen alle guten Menschen diese Zeilen und die Zwischenräume derselben verstehen und anerkennen und sich bemühen, danach zu leben!

In der weiten Ferne der Lebensstraße beginnt die Brücke zum Licht!

23.04.1967

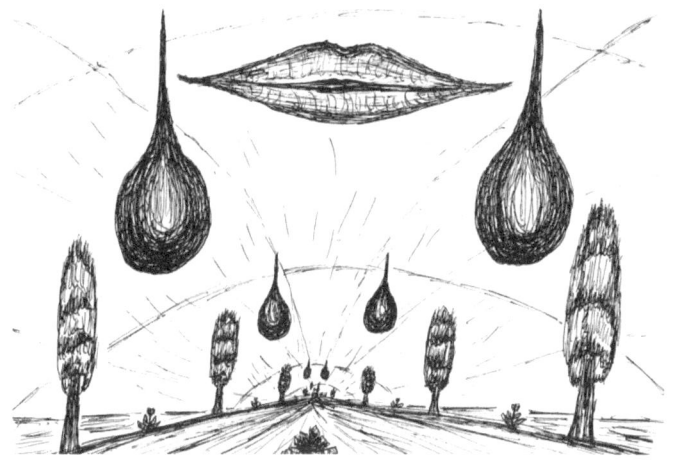

Die Liebe: das Maß aller Dinge

Die weiße Fahne

(= Friedensfahne)

Einmal, als ich mich einer Versammlung von Menschen näherte, erblickte ich die Farben ihrer Fahnen: Bunt, gefleckt, gestreift, mit Punkten, Zeichen; wild erregend, umherwirbelnd, aus Seide und Leinen, stachen sie in die Luft, zerbrachen. Manche Fahnen hatten scharfe, schwere Zeichen – belastend.

Eine Weile beobachtete ich die Menge. Dann trat ich auf zwei Leute zu. Mit roten und schwarzen Fahnen standen sie – ihre Symbole krampfhaft-kampfbereit umklammernd – vor mir. Als sie mich erblickten, richteten sie sich bedrückend drohend auf.

»Warum tragt ihr diese Farben?«, erkundigte ich mich.

Da zerschnitt ein gequältes Grinsen ihre Masken: »Schwarz verbirgt den Schmutz vor der Sonne!«, schrie der eine.

»Rot braucht auch dann nicht gewaschen werden, wenn Opferblut daran klebt!«, entgegnete der zweite.

Ich wich zurück und betrachtete noch einmal das täuschend bunte Farbenmeer, wandte mich um und entdeckte, abseits in einer braunen Pfütze liegend, was ich bei all den Farben *nicht* fand: Eine kleine weiße, beschmutzte Fahne. Vielleicht hatte sie ein Kind verloren.

Ich beugte mich hinab, nahm sie auf und wusch sie rein. Später umfasste ich sie – die weiße Fahne, Summe aller Farben, und doch keine Farbe mehr; kompliziert

und einfach, bescheiden – und doch heller, alles über-
strahlend – und trug sie, noch alleine, unter Sternen in
die Welt.

21.08.1974

Begegnung

Einen Engel traf ich einst. – – – –
Er begrüßte mich mit dem Hauptthema aus Bruckners
5. SINFONIE:

Wortlos standen wir uns – jahrelang – gegenüber.
Dann sagte ich, in einem Augenblick höchster Kraft:
»Guten Tag.« – Sekunden später begriff ich die Winzig-
keit der menschlichen Sprache.

19./20.10.1974

Große Freiheit

Abends, wenn die große Sonne rot
hinter schwarzen Wäldern versinkt,
wo seid ihr – Menschen? –
Versteckt ihr euch in euren Häusern?
Voll von Langeweile?
Was wisst ihr noch von »Abendrot«,
»Stürmischer Mondnacht«,
»Sternen und Galaxien«?
Dunkles Entsinnen an Urtage der Menschheit.

Gewiss, nennt mich »romantisch«,
»nicht realistisch«, »weltfremd«, »verrückt«!
Ihr stellt mir die unmögliche Frage:
»Was nützen uns die Sterne?« –
Und lebt doch mitten unter ihnen
auf einem von ihnen!

Ich aber stehe oft weinend am Rand der Welt –
an ihrem Strand – und frage,
ob ich auf diesem Planeten richtig bin.
Solange ein mich liebender Freund mir zulacht –
nur einer! – darf ich bleiben.

Habe ich niemanden mehr –

dann komme ich an den Strand der Welt zurück,
grüße die von euch vergessene Sonne
und gehe weiter zu den Sternen,
um Trost, Hoffnung und Liebe zu finden –
neues Dasein auf anderem Planeten suchend –
inmitten des alten Alls!

05.02.1968

Der schwarze Schwan

Abenddämmerung; – – –
viele weiße Schwäne
baden und schwimmen
am kleinen See;
langsam wird es Nacht;
die großen weißen Vögel
kehren nachhause zurück –
sie ziehen über das Wasser
und blicken verstohlenen Auges –
zum großen See,
ganz hinten am Rand
des großen Waldes; – – – –

Dort aber taucht leise in der Sommernacht
ein schwarzer Schwan
den Kopf in den See
und hebt ihn wieder hoch im Mondlicht –
ruhig, traurig;
weit hinten am Horizont
sieht er noch
die anderen weißen Vögel fliegen;
Nachtwinde erheben sich,
und der schwarze Schwan gleitet stumm
über den großen See ans andere Ufer,
den Morgen zu erwarten.

09.03.1968

Trauer

Gestern durchschritt ich
beklommen trauernde Wälder.
Weinen wollte ich – vergeblich!
Sprechen mit einem lieben Menschen:
Doch Rehe blickten herüber
von schwarzen Äckern.

Heute wieder! – Kalt war mir,
verlassen lehnte ich an Bäumen,
Raben schrien am Himmel.
Ihr dürft mich nicht alleine lassen! –
Denn über den schweren Wolken
scheint doch ewig – die Sonne!!!

08.04.1968

Meinem besten Freund

Straßen des Lichts ging ich –
Als Du mich einst zum ersten Mal
scheu anblicktest.
Du drücktest Dich an mich,
und als ich Dich verließ – weinte ich.
Später gaben wir uns die Hände –
und ich gewann Dich lieb.

Straßen der Finsternis brachen herein,
als ich Dich lange nicht mehr sah. –
Doch dann auf der Straße der Wahrheit
traf ich Dich wieder –
und gewann Dich nochmals lieb.

Jetzt denke ich oft an Dich
und sehne mich nach einem Wiedersehen.
Die Straße der Freundschaft, der Liebe,
möchte ich mit Dir gehen.
Wir werden vielleicht allein sein auf ihr –
denn die große, breite, gerade
Straße des Guten ist weit.
Bitte, komm mit mir! –

Ich kann nicht alleine sein!!!
Hast Du mich lieb? –
Wir müssen zurück ins Licht!

Gib mir Deine Hand
und wir wandeln
die Straßen der Ewigkeit!

13.04.1968

Frühling im Mai

Rehe huschen über Wiesen in die Wälder,
und der große alte Pan
spielt auf ewig junger Flöte.

Nachts trägt Wind den Duft der Blüten
die Wiese hinab über den Waldsee –
in die Heide hinaus – unter Sternbildern.

Hinten am Teich kniet ein Kind
und erblickt lächelnd
sein zartes Ich im Wasser –
dem Spiegel der Ewigkeit;
glücklich umfasst es
mit den Fingern seinen Körper –
dann läuft es träumend nach Haus.

Und im Osten faltet der Frühlingsmorgen
die Hände des Lichts.

20.05.1968

Wunder der Sommernacht

Lautlos sank am Horizont die Sommersonne hinab. –
Lauer Wind springt auf –
doch drüben am Wald
beginnt der Lichtertanz von Johanniskäfern.
Silbernes Mondlicht glitzert im Bach. –
Aber dort – träume ich? – ist es dort nicht,
als entstiege ein Elf dem Kelch der weißen Lilie?
Zitternd eile ich herzu:
Es ist nur der Glanz des Mondes, der sich spiegelt –
und mich verwirrte.
Und doch …

Die Wunder der Nacht kamen über mich –
mit Freude nahm ich sie auf –
und als im Osten der Glutstrich
des neuen Morgens glimmte – – – :
da wünschte ich nur eines:
Alle – die Guten der Erde alle –
euch alle zu lieben und kennenzulernen,
denn wir sind aus der Freude geboren
und kehren – nur als Gute! –
zu ihr heim, wenn es Zeit ist.

Dann eilte ich dankbar
der alten Sonne des Lebens entgegen –
mit ausgebreiteten Armen.

03.06.1968

Das sterbende Kind

Draußen in der Welt stirbt ein Kind. – – –
Eulen schweben in den Wäldern
mit klagendem Schrei. –
Die Augen des kleinen Erdenkindes
verirren sich im Himmel,
erhaschen die Strahlen ewiger Sterne.

Dann brechen seine Lider
unter dem Rad des Lebens,
und der große lautlose Tod
küsst den Sonnenelfen.

Denn morgen,
im Licht eines neuen Tages,
verlässt – oh, Kind! –
dein ureigenes Ich die Erde,
tanzt durch das All –
bis eine neue Sonne dich empfängt.

25.07.1968

Nachts

Nachts verschwindet Raum in Ewigkeit.

Große, zarte Bilder
kommen herauf:

»Sterne und Liebe«

Ewige Visionen, die der Tag nicht kennt;
betörend und wunderbar.

– unvergesslich!

29.12.1968

Sprechen

Ich kann nicht mehr sprechen. –
Habe verlernt, Worte zu formen.
Meine Stimme, stark sein wollend,
zerbrach zu Gerede.

Ich möchte wieder sprechen lernen;
sprechen, Sprechen, AUSSPRECHEN,
mich AUSSPRECHEN vor jemandem,
der sprechen kann. –
Tröstend, liebend sprechen, überzeugen.

Jetzt kann ich nur eines:
Niederschreiben,
dass ich nicht sprechen kann!

Bitte,
ich möchte wieder sprechen können!

14.08.1969

Zerbrochen

Oh – Wahrheit! –
An krummen Pfaden
stehen grinsend Häscher.

Draußen unter den Sternen –
auf der geraden Straße –
liegt ein totes Kind.

Verunglückt? Erschlagen?
Nein!! :

An so viel Lüge
und Macht der Menschen
– zerbrochen.

16.06.1969

Der große Aufbruch

Einst, wenn die larvenhafte Hülle
des Irdischen fällt –
und die Zeit unser Leben
an den Strand der Ewigkeit spült –
wie Strandgut; – Wie wird's sein?

Nach so vielen Tagen
des Sturms und der Sonne,
wer erwartet uns?

Aus weiter Ferne kommen Bilder herein.

Wenn vieles überwunden,
wer führt uns dann
in die Räume der letzten Fragen?

Wer legt uns kühlend seine Hand
auf die fragende, brennende Stirn?

Doch es *wird* sein.

Nur einen Wunsch
lass mich
bitte noch haben,
du hohe Macht:

Lass sie nicht im Stich,
meine guten Freunde,
denn sie alle sollen sehen lernen
und erkennen,
auf der Straße
zur vollkommenen Ewigkeit.

27.02.1971

Letzter Wunsch

Über die Erde
und alle Sternenstraßen hinweg … –
und selbst in den äußersten Fernen
des »Über«-Alls,
wo – aufgerissen der Raum –
die Zeit zerfallen! –

und auf Lichtbrücken Gewalt zerbricht –
an Liebe und Verzicht: –
Spreche ich – mit meiner ganzen Kraft! –
die Worte:

»Ich muss euch lieben wollen!«

11.08.1973

Verbannung

Aus den Gittern der Seele
blickt mein Geist hinaus –
in helles Sternlicht.

In den gefängnishaften Wendeltreppen
der Vergangenheit –
irrt, auf und ab,
mein liebendes Herz.

Wer reicht mir den erlösenden Schlüssel
durch die Gitterschranken
der Unvollkommenheit?

Wann wird meine Zeit kommen,
ihr Lieben?

Die Sternzeit meines Morgens!?

11.06.1974

Meinen Freunden

Mit euch steige ich hinauf,
und will weiter empor –
zu klaren Höhen, wo man
schöner atmet.

Als Entdecker neuer, freier Welten –
Liebe in meinen Augen; –
zu fernen Küsten,
durch Sternenräume,
bis zum Mittelpunkt unseres Innersten –
unseres feinsten Seelenwesens –
unseres Geistes.

Zum Reiz der Schönheit –
bis ich mit Euch,
am Tor der Zeit vorbei,
die ersten zaghaften Spuren
des »Engelsgleichen« zu erfassen versuche
– des Göttlichen. – – –

In den wenigen
körperhaft-sichtbaren Augenblicken
unseres Zusammenseins –
in den vielen geistigen Zwiegesprächen
unserer Seelen.

In den Worten des Tages,
in den Gedankenreisen der Nacht.

24.08.1975

Frühling um Ostern

Aus so vielen Blumenkelchen:
»Hoffnung«.
Aus den klaren Tiefen junger Augen:
»Liebe«.

Über der apokalyptischen Kreuzesstille:

» V e r g e b u n g « .

Durch a l l e Osterblüten leuchtend:

» B e f r e i e n d e   A u f e r s t e h u n g « .

So viele von euch will meine Gestalt
zärtlich umarmen, liebend umschlingen –
in Ekstase befreien:
KÖRPER – SEELE– GEIST.

Um, in dreifacher Zuneigung,
T ü r e n z u ö f f n e n :
zu den lange verschollenen Fragen –
zu den in Sehnsucht zu Ende gedacht
g e w o l l t e n Gedanken; – – – zu den – –
– noch verschüttet – –
in uns wohnenden Fernen:

Wege zu weisen
30   nach »TRANSALPHA«,
wo, hinter Träumen und Gedanken,
in höheren Wirklichkeiten,
»erlösende Engel« wohnen.

04./05.04.1976

Heimwärts

Jenseits der Städte,
der steingewordenen
Wohnungen der Menschheit,
der »nervösen Stätten«
in den »Landschaften der Stille«,
beginnt der größte aller Wege –
» H e i m w ä r t s « –
herausgeformt aus kleinen Pfaden –
zwischen Blumen und Gras.

Einmal – zu unbekannter Zeit –
werde auch ich ihn betreten – gleich, wie! –
beladen mit den Bruchstücken der Menschheit.

Und siehe! Der Weg wird sich öffnen,
alle Ufer zurücklassend,
alle Grenzen zurückweisend. –
Seine Namen werden namenlos.
Und – alle Ketten sprengend –
wird er sich formen
zu einer reinen Richtung! –
zu einer *Welt*. –

An seiner Mündung werde ich
von »Engeln« empfangen,
und sie werden fragen:
»Welche Last bringst du?«
Und ich werde antworten:
»Die Träne der Unvollkommenheit.«

Doch in Engelshänden wandeln sich
alle Tränen
in strahlende Freude!

Küssend werden sie mich geleiten,
durch ein Stück ihrer Welt,
zum *Weg aller Wege:*

Denn am Horizont schimmert »Mignon«,
Land der Sehnsucht –
und darüber – in fernen Höhen –
beginnt »Orplid«, Land des Lichts. – – –

Doch hinter allen Horizonten –
am Anfang reiner Liebe –
ist »TRANSALPHA«.

09.06.1977

September

Lichttage, mit Wolkengebirgen –
schwebend in liebend-tiefem Blau;
verhüllte Tage erschütternder Regenkaskaden.
Tage – schwerhängenden,
gewaltig grauen Himmels.

Morgen – überwältigenden Leuchtens;
Abende – hinabstürzend auf Sturmwolken,
im Farbenspiel des Untergangs:
»Letzter Wille der Herbstsonne«.

Nachts tritt uns –
in strahlender Offenbarung –
Sternlicht näher –
die stille Urgewalt der Fernen.

12.09.1978

Irland

Im Mittagslicht steht
der Urchoral der Felsenkaskaden.

Dein lichter Süden
träumt im Schlaf der Geschichte.

Nachts, unter Sternen,
ruft gewaltig die Stimme des Monolithen.

Und durch die Dämmerung
klingt der Elfengesang der Steinkreise.

12.10.1980

Neue Horizonte

Im fernen Südwind
tritt Landschaft aus sich heraus. – –

Aus Blumen und tiefen Reichen
erwachen singend – Elfen.

Die großen Sternennächte,
angefüllt mit »Mondlicht«,
»Liebe«, »Heiligen Blüten« –
umfangen unsere Körper.

Ihr Träume aus TRANSALPHA! :
Euch reichen wir Liebenden
unsere irdisch-tastenden Hände
in den »Frühling-Sommer-Nachtgebilden«,

aufgehend in und landend an:
euren »Neuen Horizonten«.

18.06.1983

Via Appia

Gewaltig trittst du aus dem Abendlicht: –
von Gräbern eingesäumt,
von Stelen und von Sarkophagen.
Im Morgenrot erreicht
dein steinerner Atem: Rom.

Einst beschritten dich:
»Caesaren« – Legionen –
Gefangene – Propheten.

Deine rauschenden Pinien sahen schweigend zu –
und Käfer pilgerten auf deinen großen Steinen. – – –

Heute doch – in unsren Tagen –
tragen viele Straßen
deinen Namen: »*Via Appia*«.

Jetzt aber wandeln auf deinen Spuren:
Menschenaugen – Fragende, Wissende –
Kinder aus der Nacht. – – –

Rauschende Bäume sehen schweigend zu – – –
und Käfer pilgern immer noch
auf deinen großen, warmen Steinen.

29.08.1984

Die Nacht

Aus den Sternentiefen der Nacht
kommt Liebe – wärmend –,
wie Strahlenkraft sonnenklarsten Winters.

Doch wenn die Tage sich
noch so mächtig auftürmen:
Es ist immer D I E N A C H T!

Unter den küssenden Augen der Nacht –
fallen die Entscheidungen.
Die Welt täglicher Begegnungen –
findet auf den Lippen der Nacht –
in den Träumen – ihre Überhöhung
und die Erfüllung ihrer Wünsche –
zukunftsweisend!

Denn – siehe! –
du heilige Nacht unbekannten Wesens! –
Deine Erfüllung
liegt in dämmernder Vollendung:
Sternentor zu sein –
zum ewigen Morgen des Lebens.

27.02.1986

Alle Himmel leuchten hell

Gott zeigt –
mir Fremden fernen Wesens –
die Welt –
in »Menschengestalten«.

Die Fantasie meines Weltinneren braust –
einer »gebändigten Sonne gleich« –
in noch zurückhaltender Brisanz
und senkt sich leuchtend in Liebe
auf die Augenpaare
mancher Menschen nieder –
ihre Herzen »bebend« –
erhellend.

Wenn die Labyrinthe all unserer Nächte
entwirrt sind,
gelöst – entlöst – erlöst! :
Wenn die Tiefen unserer Seelen
in der Heiligkeit der Waldseen
spiegelnd aufklaren – - – :

Wenn alle 7 Siegel offenbart,
»leuchten alle Himmel hell«.

Und wir kehren ein,
als Sternenmenschen –
lichten Hauptes, leuchtender Seele,
aufstrahlend in Liebe! –
treten ein – als Sieger! –
in TRANSALPHA.

18.07.1986

Sonnengesang

Jahrmilliarden zurück – – :
Die Erde war noch jung.

Riesenhaft nah,
in brausender Umkreisung! –
erregte ihr Mond die Lava-Ozeane,
glühend-kosmischen Tiden gleich:
zu Bruckners 8. Symphonie .

Befreite die Sonne ihren dritten Planeten –
Augenlicht schenkend –
zukunftsweisend! –
von unsagbaren Tränen-Regen-Fluten.

Erschauerten kontinental die Urkratone,
archaisch schwimmend:
»Mahlers heiliges Fanal«.

Heute – Zeit-Äonen später –
schenkt Sonne uns –
den Menschen-Spätlingen –
immer noch! :
»3-klang-farbiges-Vermächtnis«:

Wissenden das »grüne Leuchten«,
Begnadeten den »blauen Strahl«,
Engelsgleiche führt sie heim –
im letzten »violetten Blitz«!

18.10.1987

Zukunft

Sitzt schon –
im tausendfachen Orgelsturm –
auf triumphal
gewölbten Klang-Emporen –
aller Kathedralen dieser Erde,
hochaufgerichtet:
unser aller Tod?

Aus Lichtjahr-Fernen
fällt in Sternentuch gehüllt –
ein Seelenteppich:

In uns sich senkend –
herzensweit.

08.10.1989

Katharsis

Wie wird's sein – – –
wenn Morgen dämmert über *»Punkt Null«?:*
Den Überlebenden – zum Schachspiel –
winkt der Tod,
das Kreuzesholz zu tragen,
in den Wäldern der Kindheit.

Wenn ich einst »abends« niedersteigen werde,
zur kleinen Taverne an den Ufern des *Styx,*
»zu essen das Brot des letzten Erdenlebens«,
»zu trinken – aus größtem Wein! –
die hellen Fernen liebender Wahrheit«, – – –

tritt Charon *lächelnd* durch die Tür! : –
nimmt meinen Körper auf:
in seine *wissende* Hand.

Er setzt die Sternensegel
über meinem Schiff der Nacht
und lichtet die Anker der Sehnsucht – :
dass erwache – im ewigen Wind der Zeit –
dass aufblühe fern in TRANSALPHA
mein neues *Ich.*

08.02.1990

Das Herz aller Dinge

Im Licht-Rot des Herbstes
schließen die Blumen
des Lebens lächelnd ihr Antlitz.

Der Kolibri steigt auf zur Nacht:
ein »Sternenbote des Lichts«,
reisend auf den Flügeln der Seele,

wissend den Weg :
in »das Herz aller Dinge«.

05.01.1992

Die Melodie des Lebens

DIES ATRAE:

An schwarzen Tagen:
hervor tritt– beklemmend –:
»Die Schuld«. –
In schwarzen Nächten:
fließt – durch erschütternde Träume: –
»Die Angst«.
Aus kreisenden Gedanken-Wäldern:
bricht hervor:
»Die wilde Jagd«
Von blitzdurchtränkten Himmeln:
– donnernd! – stürzt hinab:
»Das Tribunal«.

Und doch:
Die Dämmerung versinkt
im Tränenmeer des Herzens. – – –

DIES LUCIS:

Siegreich gekrönt in Ewigkeit:
Die Tage des Lichts!
Aus Menschenaugen: »Liebe trinkend«!! –

Erwachend durch Erkenntnis:
In den Tiefen des »Neuen Kosmos«:
– in engelsgleicher Lust!!! – – – lächelnd. – – –

Empor steigt – in erfüllender Befreiung! –
»entgegenklingend« der Vollendung:
»Die Melodie des Lebens«

27.01.1992

In der Ferne liegt das Meer

Im Sonnen-Mittag –
unterm tief entrückten,
transparenten Blau des Himmels! –
auf dem »Anden-Altiplan«,
getragen von »befreiend dünner« Luft,
gekrönt von heiligen Vulkanen:
liebevoll kniend an dem Salzsee-Strand:
betastet – klein und zart –
ein Indio-Junge, begreifend,
die fossil gewordene Muschel –
»Spirale des Lebens«.

In der Ferne liegt das Meer:
»Ursprung des Lebens«.

In den Nächten spricht zu uns –
aus Sternen –
»Kosmos des Lebens«.

In uns allen liegt ein unbewusstes Meer:
Aus seinen rätselhaften Tiefen
nehmen wir zu uns –
Tag und Nacht – :
»Das Salz des Lebens«.

09.04.1992

Morgen

Pendelnd – wie Herzschlag –
teilt Charons »Totenschiff«
die Wogen der Zeit.

Aus stillen Wäldern tritt: »Sibelius«.
Den Träumen, jenen
fernen »Nacht-Gebilden«,
entsteigt: »Utopia«.

Liebend – herab aus großem Abendrot! –
führt Lethe mich
zu »wissenden Sternen-Ufern«.

Und morgen
werden neue Sonnen scheinen.
Wer trinkt mit mir ihr Licht?

18.01.1992

Weltlinie

Im Netz der Menschen verwoben: »Mein Ich«.
Es schweben die Tage vorbei: »Zeitflächen gleich«.

Glocken aus fernerer, höherer Welt
schwingen durch klare Träume der Nacht.

Aus dem »Spiegelbild des Todes«
treten sie auf mich zu –
in die Gewänder der Erinnerung gehüllt –
jene »rätselhaften Wesen« meiner Art:
Vertraute – Fremde – nie Gekannte: lächelnd!
Umkränzend ihre Häupter: »Der Horizont der Zeit«.

So bin auch ich ein Brennpunkt –
der sich bildet aus den Fingern ihrer Hände.

Mein Leben gleitet voran:
immer entlang der Form –
in riesigen Schüben! –
»der Zukunft entgegen«.

31.01.1993

Symphonie der Nacht

In ihren Sternen-Armen – enträtselt,
entsinkt sich lächelnd: »Der Mensch«.

Dreifach – aus Raumzeiten – schenkt sie
ihm kosmische Linderung,
in strahlender Blätterung aufströmend:

Träume – Liebe – Sterne.

24.03.1994

Per aspera ad astra

Es ist eine Freundschaft: »Das Leben«
Es ist eine Treue: »Die Zeit«
Es ist eine Liebe: »Die Ewigkeit«.

Es werden *beide* geboren:
»Die Asche der Vergänglichkeit«

und

»Das Salz des Lebens«
aus e i n e r Quelle:
»Sternenstaub«!

In tiefem Kuss der Göttlichkeit!

16.11.1994

d-Moll – B-Dur

Aus schweren, tristen Alleen des Herbstes
und des Winters: spricht: César Franck.

Aus jungen, leuchtenden Alleen des Frühlings
und des Sommers: lächelt: Ernest Chausson!

Durchbrechend die Tore alltäglichen Seins,
durchspringend die Fenster verwandter Seelen:
Die kolossalen Kämpfe der Durchführung!

Eine äußere Stimme fragt:
»Wohin gehen wir?«
Die innere Stimme antwortet:
»Immer nach Hause!«

Unser Leben ist – immer noch –
Tier-Masken-Laienspiel.

Wann werden – einst?! –
welche unseres Wesens ergreifen:
den »Beruf des Menschen«?

20.03.1997

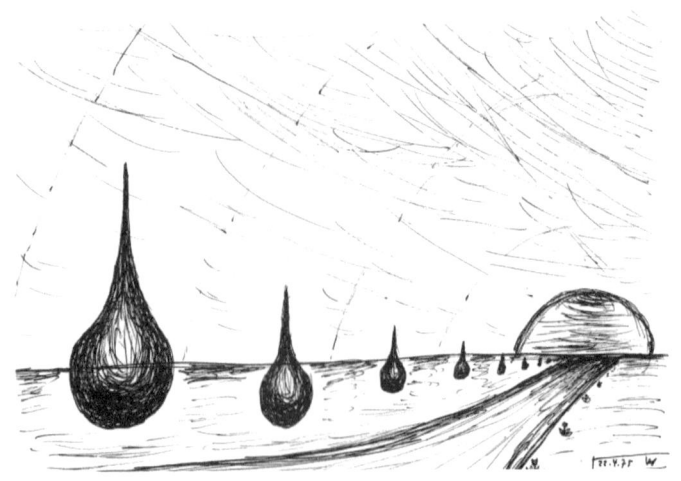

Der Weg in die Ferne
22.04.1975

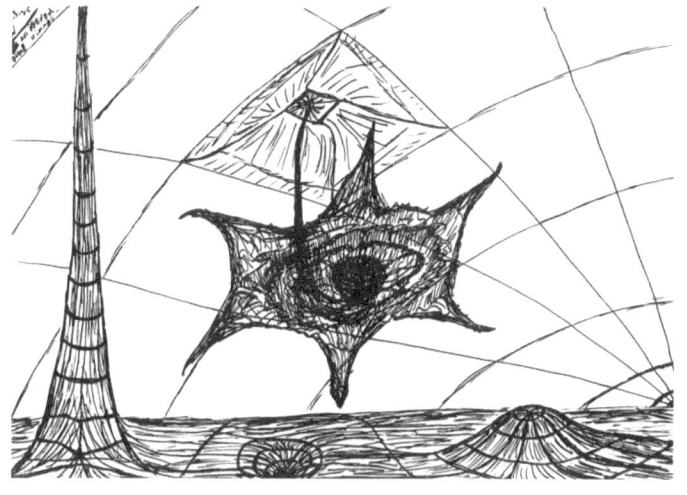

Blume aus offenem Himmel
16.03.1975

INHALT

Der deutsche lyrik verlag (dlv) ist ein Imprint
der Karin Fischer Verlag GmbH, Aachen.

Besuchen Sie uns im Internet:
www.deutscher– lyrik– verlag.de
www.karin– fischer– verlag.de

*Bibliografische Information
der Deutschen Nationalbibliothek*
Die Deutsche Nationalbibliothek verzeichnet
diese Publikation in der Deutschen Nationalbibliografie;
detaillierte bibliografische Daten sind im Internet über
http://dnb.d– nb.de abrufbar.

ISBN **978–3–8422–4865–6**

Umschlaggestaltung © Vogelsang Design
unter Verwendung einer Federzeichnung des Autors

Gesamtgestaltung: mo-rom

Hergestellt in Deutschland